Yellow Umbrella Books are published by Capstone Press,
151 Good Counsel Drive, P.O. Box 669, Mankato, Minnesota 56002.
www.capstonepress.com

Library of Congress Cataloging-in-Publication Data
Jacobs, Daniel (Daniel Martin)
[Count your chickens. Spanish]
Cuenta tus gallinas / por Daniel Jacobs.
p. cm.—(Yellow Umbrella: Mathematics - Spanish)
Includes index.
ISBN 0-7368-4151-2 (hardcover)
1. Counting—Juvenile literature. I. Title.
QA113.J3618 2005
513.2′11—dc22   2004048889

Summary: Simple text and photographs introduce the concept of "skip counting," or
counting by groups of a certain number, and present items for practice.

Editorial Credits
Editorial Director: Mary Lindeen
Editor: Jennifer VanVoorst
Photo Researcher: Wanda Winch
Developer: Raindrop Publishing
Adapted Translations: Gloria Ramos
Spanish Language Consultants: Jesús Cervantes, Anita Constantino
Conversion Editor: Roberta Basel

Photo Credits
Cover: DigitalVision; Title Page: Jerry Tobias/Corbis; Page 2: Kent Knudson/PhotoLink/
Photodisc; Page 3: Corel; Page 4: AG/elektravision; Page 5: AG/elektravision; Page 6:
Barbara Penoyar/Photodisc; Page 7: Barbara Penoyar/Photodisc; Page 8: PhotoLink/
Photodisc; Page 9: PhotoLink/Photodisc; Page 10: Ron Chapple/Thinkstock; Page 11:
Ron Chapple/Thinkstock; Page 12: H. Prinz/Corbis; Page 13: H. Prinz/Corbis; Page 14:
Stockbyte; Page 15: Stockbyte; Page 16: Mark A. Johnson/Corbis

1 2 3 4 5 6 10 09 08 07 06 05

Cuenta tus gallinas

por Daniel Jacobs

Consultants: David Olson, Director of Undergraduate Studies, and Tamara Olson, Ph.D., Associate Professor, Department of Mathematical Sciences, Michigan Technological University

Yellow Umbrella Books
Mathematics - Spanish

an imprint of Capstone Press
Mankato, Minnesota

Cuenta tus gallinas una por una.

1, 2, 3, así se cuenta por uno.

También puedes contar
las cosas por dos.

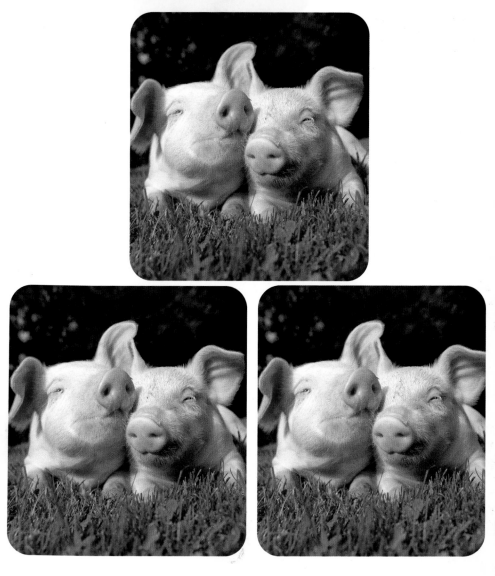

2, 4, 6, así se cuenta por dos.

Aquí hay gemelas.
Hacen un par.

Cuenta por dos.
¿Cuántas hay?

Puedes contar estos pollitos
cinco a la vez.

¿Cuántos pollitos hay
en el grupo entero?

Esta estrella de mar
tiene cinco brazos.

5, 10, 15—tú sabes contar
por cinco.

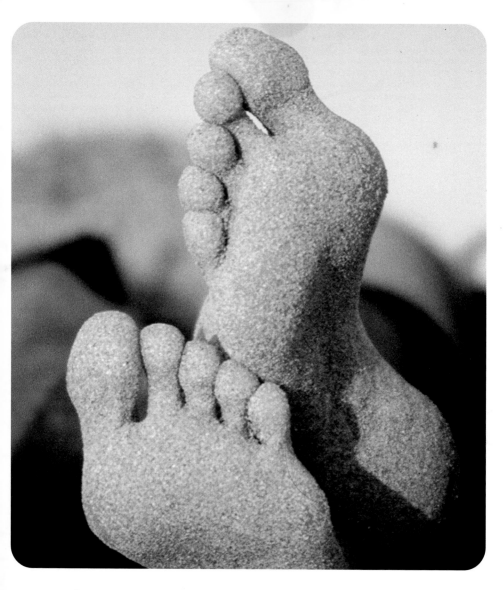

Puedes contar estos dedos del pie
en grupos de diez.

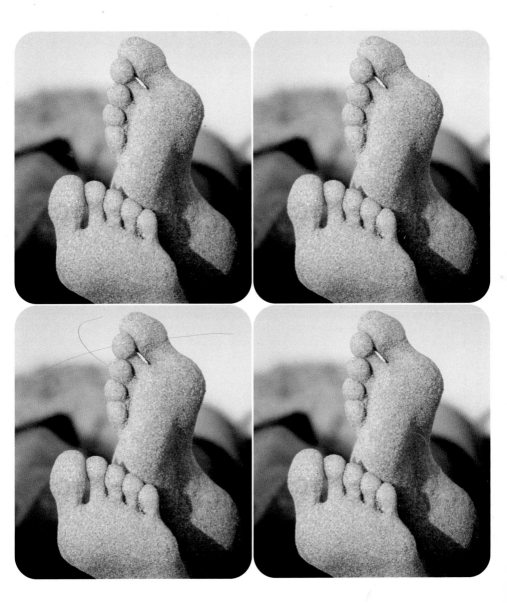

Si no contaste cuarenta,
cuenta otra vez.

Diez gansos vuelan
por el aire.

Cuenta por diez.
¿Cuántos hay?

Mira todos estos dedos.
Puedes contarlos en muchas
maneras. ¡Es tan divertido contar!

Glosario/Índice

contar—decir los números ordenadamente, o dar un número a los elementos de un conjunto para saber cuántos hay; páginas 2, 3, 4, 5, 7, 8, 11, 12, 13, 15, 16

(la) estrella de mar—animal marino que no tiene huesos, cuyo cuerpo es aplanado y tiene cinco brazos o extremidades; página 10

(la) gallina—ave doméstica, hembra del gallo, de pico corto, cuerpo redondo y que no vuela; las gallinas están criadas para la carne y los huevos; página 2

(el) ganso—ave grande de plumaje color gris y pardo, y pico anaranjado; los gansos tienen cuellos largos y patas palmeadas; página 14

(el) gemelo—referido a cada uno de los hermanos nacidos en un mismo parto; página 6

(el) par—conjunto de dos cosas que se complementan; página 6

(el) pollito—cría de las aves de pocos días; páginas 8, 9

Word Count: 103
Early-Intervention Level: 9